AF471416

Charles-Louis PHILIPPE

QUATRE HISTOIRES

DE

PAUVRE AMOUR

Edition de l'*Enclos*
BIBLIOTHÈQUE DE L'ASSOCIATION
17, Rue Guénégaud

1897

CHARLES-LOUIS PHILIPPE

QUATRE HISTOIRES

DE

PAUVRE AMOUR

1897

Edition de l'*Enclos*
BIBLIOTHÈQUE DE L'ASSOCIATION
17, Rue Guénégaud

A MONSIEUR CATULLE MENDÈS

MONSIEUR,

Vous avez écrit des contes de fées. Je les ai lus aux soirs précieux de mon adolescence. en tremblant. Collégien en vacances, je vivais sous les cieux miraculeux de septembre, de grands arbres bruissants s'agitaient en mon cœur, et des oiseaux chantaient de leur voix translucide la beauté des cieux et l'éclat doux des derniers feuillages. Or, voici venir les bûcheronnes, les princesses et les fées avec la lumière de leurs yeux, avec la lumière de leur voix, avec la lumière de leur cœur. Et c'est l'amour touchant, qui rêve et qui rêve. Je songeais à lui en passant près des roses et de la rosée du matin, je songeais à lui par les après-midi lentes où la quiétude du monde rendait mon bel amour heureux et calme.

Puis, la nuit tombée, nous prenions le frais à notre seuil, et de petites ouvrières jolies venaient s'asseoir auprès de moi. Elles étaient couturières, modistes, lingères. Tout le jour, elles avaient touché le linge innocent, les velours, les satins qui sourient et les fleurs artificielles tout ingénues. Cela rend les doigts fragiles et délicats, l'âme devient candide et fine, — et Dieu ! entendre des mots menus de rêve et de tendresse! Je leurs disais vos contes. Oh ! les fées, d'argent vêtues, qui sont petites et scintillantes comme des perles, les bûcheronnes et les princesses, dont le cœur ressemble à votre cœur de jeune fille! Et le Prince Charmant, couleur d'avenir : c'est lui qui, bientôt, par un dimanche, vous rencontrera au bois, et ses yeux, et ses lèvres, et ses mains seront comme des fleurs, comme des fruits, comme des caresses! Il y avait surtout mon amie Louise, ses quinze ans, ses yeux bleus, son corsage rose, et ses bras nus! Je dois vous avouer, Monsieur, que lorsque je contais vos contes, les bûcheronnes et les princesses avaient quinze ans, des yeux bleus, un corsage rose, et leurs bras nus?

Des petits enfants venaient m'entendre. Ils accroupissaient leur corps, ils entr'ouvraient leur cœur comme une petite chambre rose, afin que les jolies histoires pussent y entrer. Si je m'arrêtais, les voici: Il faut nous en dire encore!... Et quand ils partaient, ils refermaient leur cœur pour y garder toutes ces images et s'en faire des rêves la nuit.

Ah! donc, vous m'avez fait aimer l'amour, vous m'avez fait aimer les jeunes filles de province et les petits enfants tièdes et sages. J'ai bien songé à vous jadis, quand j'étais innocent et comme il me plaît de m'en souvenir maintenant! Au nom des douceurs de ma vie que je vous dois, j'ai voulu, Monsieur, vous dédier mon premier livre.

CHARLES-LOUIS PHILIPPE

LE JOURNAL DE ROGER JAN

A J.-G. PROD'HOMME.

Moulins-sur-Allier, 12 avril 1896.

Et voici le printemps. Ce matin, il y a eu des fleurs à un pêcher. Des airs doux s'éparpillent en la lumière : c'est un salut grandiose et vain à la Vie.

J'ai pris une grande résolution : si des fragments de volonté subsistent en moi, je noterai mon âme en ces pages, indéfiniment aux soirs de tristesse, seul à seul avec les choses.

A tout hasard, je formule ce vœu : Si, un jour, quelqu'un possède ce cahier, qu'il le brûle sans lire. Car un être y vit, et nul ne doit s'immiscer en lui. Je mets ici, pour concentrer mes peines, toute ma vie, et si ces choses sont écrites, c'est parce que je n'ai jamais voulu les dire. C'est ici mon tombeau, l'asile sans nom de mon cœur, et nul geste ne se veut épandre.

Mais j'ai des rages en songeant à mon impuissance pour cela ! Quelque jour, sans le scrupule d'une douleur à moi, quelqu'un violera mon âme... Ah ! qui que tu sois, mon frère, ne lis point ! Si je fus triste et las, c'est à cause des brutalités m'entourant. Des faits me broient. Toi, d'un geste, conquérant un vaincu, ne fouille pas le bruit d'une vie éparse.

15 avril.

Ce soir, il pleuvait une pluie grise. J'ai eu l'impression que cette pluie tombait en moi. Lentement, finement, avec des frissons froids, elle me ravageait... Et des jeunes filles passaient en riant, tortillant leur robe mouillée, de si douce façon qu'un peu de leur corps transparu m'a tenté. Ce fut un émoi délicat, sans le grand désir, mais avec le souhait d'un voyage de mes doigts, par leur corps.

20 avril.

Printemps ! L'amour !...

Des gens vibrent confusément sous la tiédeur : alors tous les émois inscrits aux chairs surgissent, et c'est un grand choc de leur sens, sous l'amour !

Quoi! Dans un tressaillement des chairs vivent, au toucher d'un regard, dans une fusion fauve des corps s'étreignent, et ça se pâme, et ça vibre à l'unisson, suant, renâclant des haleines lourdes! Le mâle, violemment veut jouir. et Elle va de toute sa chair grossière !

L'amour puant comme aux entrailles des bêtes, l'amour issu d'un entrebâillement des chairs. L'amour!... Oh ! je ne serai pas la bestiole de cette fange !

J'aurais voulu gifler une femme qui avait les bras nus, ce soir.

30 avril.

J'ai rencontré un camarade de collège : Vica.

S'avançant vers moi, avec un air godelureau :

— Tiens ! toi Roger ! qu'est-ce que tu fais?

— Rien, et toi.

— Oh ! moi, mon vieux, c'est épatant, je fais de la pharmacie. On ne fout rien, on rigole ! Je fais une de ces noces ! Et puis le patron a deux petites bonnes ! Ah ! mince, j'te dis que ça !

Et dans ces mots : Je fais une de ces noces ! il mettait toute son ardeur, et il vivait dans ses yeux le reflet d'un dernier spasme.

Alors, c'est ça la jeunesse !

4 mai.

Je suis allé à un café-concert avec Vica.

C'était, au premier rang, dans la vivacité du gaz, parmi des fumées, un gros monsieur étalant son allure de chair vivante et d'yeux lourds.

— Celui-là, c'est le patron du 26, me dit Vica.

Toute la salle le contemple, comme on ferait d'un bel objet de doux usage, ordinairement caché dans une pénombre de boudoir. Celui-là, c'est le gros homme des vices en joie et qui s'installe ici, chez lui, cher possesseur de délices que chacun rêve.

Les chanteuses adressent à lui leurs chansons. (Viens en nos ventres aux voluptés profondes, et sache le relief de nos chairs à palper. Voici nos corps de charmes pour ton plaisir !...)

Elles embellissent leur sourire : cela voudrait être fleuri, naïf et frais comme aux lèvres d'enfants, puisqu'elles sont les plus tentantes ! Et ce devient la chose fripée qui salirait l'immonde.

Elles disent, de voix claires encore, l'éternel rut atteignant les humanités. Sous toutes paroles, sous tous airs doux, cela se faufile : et leur sourire en vice accompagne.

Ces chansons se déroulent, que rehaussent des roulements d'yeux prometteurs, épicés encore par le tortillement des hanches et les battements du ventre.

Ha !... Elles lèvent la jambe, et chacun se penche, espérant voir le fruit d'horreur éclos dans les linges.

Et des rires !... Et des rires !...

Le tumulte des rires s'accroît, plane infiniment. Les assistants : c'est chaque bourgeois et employé venu prendre contact, par l'organe d'une catin, avec toute la chair.

5 mai.

J'ai peur et j'ai honte. Toute cette nuit, j'ai revu le geste des jambes hautes : c'était gracieux. L'envolement blanc du linge, la rondeur noire des mollets me mettaient en désirs.

6 mai.

26 ! Ces grandes lettres rouges flamboient.

Non ! Non !... Je ne veux pas livrer l'intimité de mon être à des femmes. Il est des coins de soi qu'on ne veut dévoiler... Alors, une femme saurait que je puis me pâmer aux voluptés, j'aurais une sœur corporelle connaissant les façons de mon cœur !...

Non ! Je suis seul, ardemment, et je ne veux pas communiquer avec la banalité d'un corps féminin.

7 mai.

26 ! 26 ! Il doit y avoir là-dedans de la volupté, tous les chants et toute la noce !

Mais, c'est peut-être délicieux, faire la noce !

8 mai.

Il pleuvait... Il y avait des femmes troussées un peu. Soudain, dans un tumulte de parfums, est passée une chanteuse : son visage craquelé sous les fards m'a paru d'une mollesse de chair fraîche. J'ai désiré...

Puis, mû par une poussée de sens, je suis parti à grands pas pour le 26 !

Comment cela s'est-il brutalement décidé ? Pourquoi ? Dans toute grande décision, il y a des parts d'inconscience. J'allais, avec toute ma tendresse, et je murmurais les choses idéales accumulées en mon cœur. C'était un voyage vers le printemps.

Oh ! le coup de marteau de la porte, l'œil de la patronne au judas, l'entrée !...

Il m'a semblé entrer au paradis. Dans le corridor vivait légèrement un air de parfums, et des chantonnements, voix de femmes clarifiées, m'arrivèrent, charmeurs.

Suis-je donc condamné à porter un bandeau de rêves pour avoir pu passer avec de délicates joies dans ces ténèbres morales ?...

En un aller bon enfant, une grande blonde a eu ma virginité.

J'avais cru à la folie voluptueuse, et toute ma volonté voulait des sens extasiés, crissant. Mais rien qu'un grotesque ébat, doux à peine.

Et quand c'est fini, la descente lente, lâche, la décomposition mentale, les doigts qui titubent : on dirait que le sang a pâli.

Ni pendant l'acte, ni quand ses dernières vibrations passent encore dans le souvenir et meurent par la chair, je n'ai eu d'émoi.

Donc, de ce que l'humanité clame à grands cris heureux, je n'ai pu jouir. Et, sauf l'élément d'espérance amoureuse, le rêve de fusion caressante avec lesquels je suis entré, — sauf ces délices que j'ai tirées de mon cœur, rien n'a pu m'éveiller.

Aurait-on en soi-même ses raisons d'être heureux ? Je le crois.

O volupté, toute ta douceur consiste à être espérée. Tu sièges, pour un départ, dans l'ombre du cœur, et jamais tu ne sors. La volupté, c'est le désir, c'est un fantôme en transsubstantiations éternelles, et l'on ne sait quel est l'être réel dont il est l'image.

Mais je pleure, mais j'ai faim, je voudrais manger la chair des femmes, je voudrais qu'un grand jeu de jouissance me soulevât très haut ! Ah ! panteler ! souffrir ! si l'on ne peut jouir !

Je suis donc en marbre, tout de dédain, sans la grâce ultime qui fait vivre. Pauvre de chair, pauvre de cœur ! Que reste-t-il ?...

Ah ! pourtant, que je le dise, que je le grimace, que je le pleure, que je le hurle, qu'il me sorte du cœur comme un sang boueux ce grand mot de mon expérience :

La volupté n'est pas !

9 mai.

La volupté n'est pas. Mais l'amour ?

J'ai fait un rêve, cette nuit :

Elle très frêle, pâle et blonde, avec des yeux d'ombre. Je me baignais en ses regards, et alors un sourire intense, fait de désir, nous étreignait tous deux.

Oh ! l'enfant blonde à presser de ses bras, le soir ! Elle acquiesce par ses palpitations à l'amour offert. Puis, sur quelque herbe, le grand repos, les doigts mêlés, les yeux dans les yeux ! Tout se tait, car le bruit du cœur est si fort, si doux, qu'il n'est plus que lui au monde.

Toi qui pourrais passer dans ma tendresse, vêtue de mon âme, Toi la Belle de tous les soirs, immuable, et fragile, et bonne, et désirant mon cœur comme on désire un rêve, Toi qui n'es point, je t'ai bien aimée !

Mais la volupté n'est pas. Et l'amour est la volupté, car derrière lui toujours, bée la chair. Et quand on s'est tout dit, quand l'unité des sensations a fait que l'on croyait les âmes fondues, sonne le moment du grand contact.

L'amour, c'est la volupté. Mais la volupté n'est pas.

Ah !...

15 mai.

Je vais toujours dans les ténèbres intérieures, et tout autour de moi des gens vivent en criant la joie de vivre. Et j'en vois passer. Ils ont des bouffissures aux yeux et au nez, et dans un grand rire, tout leur être tressaute.

Et quand ils ne sont pas avec des femmes, ils parlent de la femme. Ils en parlent en riant grassement, et leurs mains font un geste de palper de la chair.

Et la volupté n'est pas, et ils marchent sans cesse vers la volupté, inassouvis d'aujourd'hui, en voyage sans trêve pour l'assouvissement qui ne sera pas, de demain.

Mais si leurs yeux n'ont pas cette beauté hagarde du bonheur, du moins un large rire leur fera croire eux-mêmes à la réalité fervente de leurs plaisirs.

24 mai.

Des enfants jouaient dans un grand jardin. Ils ont déjà des yeux vicieux.

La folie du mouvement, la douceur de la première vie, l'ingénuité de l'âme, et les grands baisers qu'on donne à sa maman, est-ce bien cela l'enfance ?

Non ! Car les sens grondent déjà et leurs premières curiosités surgissent follement.

Voici : J'avais dix ans. Nous jouions au

monsieur et à la dame, Renée et moi, en haut d'un escalier sombre. Nous étions seuls. Je voulus expérimenter la jeune science que m'avaient enseignée des camarades.

Je la baisai sur la bouche, longuement, et elle me rendit des baisers, et je tâtai son corps. Nous étouffions de rut. Je lui dis :

— Veux-tu ?

Troublée, consentante, elle palpitait sans répondre. Timide, je répétai :

— Veux-tu, dis ! Je te donnerai un sou.

Cette fois, elle dit : Oui.

(Mais on monta dans l'escalier, et nous ne pûmes nous livrer à la besogne de nos chairs).

Voilà l'Enfance, et voilà l'Amour !

28 mai.

Des gens se marient à cause de l'Amour. Et l'Amour n'est pas.

Puis ils espèrent un enfant. Il vient. Et à l'âge des ingénuités, il se masturbe dans un coin.

Pauvre humanité! En proie à des légendes d'amour et de jeunesse, elle va! Elle rit, et l'écho lui renvoie son rire, et elle prend cela pour le rire des choses.

Ceux qui le savent pleurent comme je pleure. Les autres rient toujours. Oh! je voudrais être un de ceux qui rient.

1er juin.

Nous étions deux bons amis : Roc et moi.

Depuis le collège, nous avions confondu notre vie, attendris gravement aux espérances d'un même avenir, rêvant d'une même folie de bonheur. — de gloire peut-être... Et nous irions, fraternels, à des conquêtes, luttant nous ne savions pourquoi, mais la lutte de haine, comme la joie d'amour étaient des entités vers lesquelles marcher.

Notre enthousiasme était si vrai que les autres nous en vénéraient. Nous sommes nés moralement ensemble. Nous nous contions nos songes de la nuit. Nous riions, nous pleurions de même façon sur les choses.

Il vint un temps où nous nous promenions sans causer, car nos silences se comprenaient. Alors, il nous arrivait de dire un même mot au même instant.

Les grandes vacances qui nous séparaient m'apparurent toujours lamentables. Rien : ni le contact de cette frêle liberté qu'on vous laisse à quinze ans et qui est si bonne que les dix mois de collège s'en parfument, ni la tendresse maternelle rayonnant autour de mes sens me pouvaient emplir le vide venu.

Quitté le lycée, nous nous sommes revus souvent.

Un jour, il me demanda vingt francs. Je les lui prêtai. Et je lui aurais donné ma vie !

Maintenant, il m'évite, pour ne pas me les rendre.

2 juin.

Oh ! le bruit des rêves qui tombent !

Chute longue, vive ! Tout l'espace en est attristé.

Voici les grandes défaites. C'est le vent des infinis qui renverse les choses. C'est le grand ciel vide où circulent des cris : ils passent, ils vibrent, je saigne !

Il semble que ce soit un peu du cerveau qui tombe, chaque fois.

4 juin.

Je souffre ! Je souffre ! Une pluie immense tombe sur mes sens.

Voici l'impression que j'ai de l'avenir :

Un grand jour gris plein de vents froids : ils hurlent, se crispent, luttent contre les feuillages, luttent contre les nuées.

Et c'est l'assaut, sans cesse ! Mais la

succession des nuages, des pluies et des vents enlise la vie, si douloureusement, avec de tels découragements, que l'esprit reste béant et que l'on n'a pas même la force de pleurer.

Et mon cœur recroquevillé, pelotonné dans son vide, reçoit tous les chocs et reste dans l'inertie.

C'est la fin de tout : mieux vaudrait la détresse.

Je suis comme endormi dans un lit humide.

5 juin.

Dormir ! Dormir !... Ah ! dormir !

Puisque rien n'est plus, je voudrais dormir.

Dans un grand lit doux, dormir tièdement, dormir comme on meurt, avoir l'oubli, être comme une chose vivante, sans même ressentir en rêve un souvenir de vie.

Dormir, peu importe de quel sommeil !

10 juin.

Dans l'ombre, je viens d'être hanté par ce mot : Mourir !

Mourir lentement avec toute sa chair ! Mourir avec tout son cœur ! S'éteindre !

Et puisque ni l'Amour, ni l'Amitié, ni l'Enfance, — ces rêves que j'ai tant vécus, ces rêves au nom desquels je voudrais vivre, — puisque ces rêves sont les fantômes de mon cœur, je voudrais bien être mort !

Ma vie va se poursuivre en détresse, elle s'éparpillera, identique et blême, jusqu'aux confins de la Douleur. Quand je voudrai sourire, j'aurai sur les lèvres le poids des tristesses que je sais, et voulant sourire, je grimacerai. Voilà des années d'avenir, avec la solitude, des années cruelles qui passeront affreusement!

11 juin.

Ils ont remarqué mes étrangetés douloureuses, et ce matin mon père m'a traîné en supplice le long de grands discours, et maman acquiesçait aigrement.

Ils veulent que j'entre dans un bureau, car je me désorganise à ne rien faire.

Avec la sèche netteté des colères concentrées, j'ai dit : Non !

Ah! je traînerais des heures sous les poussières vertes d'un bureau, paysagé de cartons en piles et de chaises vertes qui puent les gaz humains! J'aurais l'adoration du travail bête qu'on inscrit monotonement dans sa vie, pour la remplir ! Et pour contact j'aurais on ne sait quels ragots d'humanité dont la bêtise cause et s'esclaffe à perpétuité sur des chiffres !

Et vous voulez, vous, des cœurs de parents, m'engloutir dans ces ventres puants des administrations ! Et que je sacrifie mes rêves, et que j'étouffe mes désirs, et que j'ankylose mon corps et mon cerveau, et que je sois la roue hideuse d'une machine à broyer des cœurs!

Ah ! non !

Ah ! les parents ! Pleins de la lourdeur de leur expérience, ils vous harcèlent de conseils.

Expérience : mot rutilant, chez eux. On dirait que ça réside dans les gros ventres des vieux engraissés. Expérience ! Ils ont l'expérience de la vie ! Tant d'années coulant sur leurs cervelles leur ont appris toutes choses, et depuis la façon de s'introduire les doigts au nez, jusqu'à la haute sagesse, ils connaissent.

Ils savent que je m'ennuierai si je n'ai jamais rien à faire, désœuvré, engourdi, malade. Dans une administration, je gagnerai de l'argent, ce qui augmentera ma fortune, — et j'aurai les relations de tout le très haut des petites villes où j'évoluerai, — et en voie vers une importante destinée, ils me trouveront facilement femme et dot à savourer. Les voici, ajoutant que ce travail n'est pas pénible, qu'il me deviendra un plaisir.

Gardez ce plaisir pour d'autres, je n'irai pas dans vos bureaux. Planteurs de chiffres sur papier blanc, je vous hais. Allez vous empiffrer de bêtise, ô fonctionnaires ! Faites juter tout le délirant de vos esprits sur vos besognes, sachez la vie assise, grandissez en connaissances de bureau, — je vous hais, je ne serai pas l'un des vôtres.

Pourquoi faut-il que l'on garde toujours ses parents près de soi ?

12 juin.

Parce qu'un jour de joie vous avez cédé

à l'émoi de vos ventres, râlant obscurément dans la sueur des corps, et parce que cet acte d'égoïsme à deux a mis un être dans la matrice d'une femelle, vous voulez de cet être respect et amour !

S'il faut qu'il vous déifie dans sa tendresse, au moins qu'il soit payé de retour ! qu'il soit pour vous une autre idole d'amour, la statue d'un concept cher !

Mais qu'est-il, qu'est-ce qu'il représente pour vos cervelles ?

Tout petit, aux moments de votre chair apaisée, — jouet mouvant, poupée parlante, oh ! qu'il vous distrayait par cette mignonne vitalité rehaussée d'un babil menu !

Or, cela plaît aussi chez les enfants des autres.

Puis, vous le promeniez. A la mère, il était l'ornement, le gros bijou dont on se pare bêtement et que l'on aime parce qu'il satisfait de l'orgueil. C'est tout.

Et ce temps de prime enfance est celui où vous l'avez le plus aimé ! Parfois vous y revenez, en votre souvenir, et je vous ai pris à rêver : Les enfants devraient toujours rester tout petits.

Quand il a grandi, passé l'amusant spectacle qu'il donnait, il vous gêna, et vous lui fûtes amers, grondeurs, mauvais : car il n'oublie pas de vives corrections reçues, parce qu'il avait été futile.

Vous ne vous gêniez pas à lui faire sentir qu'il était un fardeau. Que de fois j'ai écouté ce cri du cœur, — vous parliez de vieux époux : Ils sont bien heureux, ils n'ont pas d'enfants.

Vous qui décorez de noms aimants le droit de propriété que vous vous arrogez, vous l'avez avoué : Il est un embarras dans votre vie ! Et ne vous en cachant pas, lui reprochant jusqu'à l'argent qu'il coûte, violemment tuteurs de tout acte, vous voulez qu'il vous respecte et qu'il vous aime !...

Ah ! s'il est vivant, qu'il se révolte contre la stupidité de l'égoïsme que vous recélez ! Maintenant il ne vous amuse plus : donc il vous gêne, il trouble la quiétude où vos vieux ans somnolent. Il est la bête nuisible que vous n'osez chasser, par peur des commentaires d'autrui.

Il ne vous est rien : c'est affreux. Pas même l'emblème vivant de votre existence côte à côte, — non plus la pérsonnification d'un bonheur commun, puisque ce bonheur exista aussi indépendemment de lui ! Vos fornications furent si fréquentes que vous ne voyez pas à travers votre enfant le souvenir de tel instant de plaisir ! Et vous n'avez fait qu'accepter, d'air maussade, le don du hasard.

Vous parlez de la tendresse paternelle !... Des mots !

Votre tendresse n'est qu'une habitude à le voir graviter autour de vous. Et vous voulez de cet être respect et amour !

Pourquoi donc cet enfant vous aurait-il une affection supérieure ? En reconnaissance pour ce fait que vous l'avez élevé ! Mais vous y étiez forcé par l'usage social ! Et dans la pratique de son éducation, les instants où vous lui avez fait de la peine compensent ceux où vous lui avez fait de la joie !

Il vous reste une grande raison : vous l'avez créé. Ah ! l'engendrement, en êtes-vous fiers ! C'est cela que vous invoquez pour exiger ce que vous appelez les « devoirs filiaux ». Vous y revenez sans cesse, comme des chiens à leur vomissement. Vous avez créé un enfant : donc il doit vous être assujetti par le cœur. Oh ! logique suprême !

Ecoutez :

Vous avez été pour lui les perturbateurs du néant ! Et s'il souffre de vivre, il sera bon en ne vous accordant que de l'indifférence.

. . . .

. . . .

Ici finissait le journal de mon ami Roger Jan.

Depuis quelque temps avaient cessé les grandes lettres où il m'apprenait son âme. La dernière, parcourue de tristesses, m'avait ému, et ce n'était déjà plus le grand garçon vivement enthousiasmé, dont la parole auréolait mon enfance de collège. Las, voué à l'ombre, doucement tiré vers mourir par les faits humains le blessant, il me disait ses désespérances.

Puis, un jour je reçus de lui cette lettre :

« Mon Ami,

« Je veux mourir. Ah ! c'est trop dur !
« On m'ennuie, je m'ennuie. Il faut aller

« dans la paix.

« Pour toi, un dernier mot, le dernier « jet de ma vie. J'ai joint à cette lettre le « journal de mes jours mauvais. Lis et « comprends.

« Puis, toi qui fais profession de conter « des rêves à des foules, tu le publieras: « c'est mon vœu. Livre mon cœur aux « bêtes.

« ROGER. »

Le lendemain, j'appris sa mort. Il s'était tué d'un coup de revolver.

Là-bas, à Moulins, il est un grand cimetière. Les pierres tombales, insolemment semblent étouffer les morts. Cela pèse sur la paix: on dirait l'étreinte dure de la matière.

Et dessous une grosse dalle grise, au pied d'un mur très haut, encombrée de couronnes noires ou blanches, Roger gît.

Et je songe à tout le délabrement, aujourd'hui, de sa face. La puanteur s'y fiance à la pourriture. Décombres du corps, néant de l'âme, voilà maintenant tout mon Roger!

Il avait des yeux bleus moirés, où scintillait, veloutante, la prunelle vive, et la grâce irradiait, en une pénétrance aiguë, représentant par l'éclairement des yeux toute la compréhension ardente et bonne de son cerveau. Et ses pauvres cheveux blonds entouraient la face, comme cendrée tendrement, atténuée de mélancolie, nimbée de la grâce moins vivante du Rêve.

Il est mort ! Parce qu'il allait dans ce monde avec son cœur et qu'il n'a eu pour la Vie que la grandeur et la beauté naïve de douceurs.

LA CHAIR DE TROIS GUEUX

Au Docteur Henry PERTAT

Passé le crépuscule en rose, advint le crépuscule en bleu où vivaient quelques ors. La tendresse du ciel se nuança, lactée, des nuages délicats s'en vinrent, qui la vêtirent de voiles. Il y eut la beauté pieuse de ce qui disparaît. Et douces! en écharpes éparpillées par tout l'azur comme si des doigts très longs d'archanges avaient glissé à travers elles et les avaient envoyées d'un grand geste partout, et translucides! les nuées... Il y avait au ciel plus de charme que l'on ne l'ose rêver, l'on n'en pouvait détacher les yeux, et l'on restait sans pen ser à savourer les teintes.

L'or de l'air avait des profondeurs et laissait s'exhaler selon des murmures, la vie de mondes. Passèrent des sons si vagues ! un grand frémissement sans doute des petites vies qui s'éteignent le soir ; mais si légers étaient ces sons que l'on croyait les entendre en soi, faits d'un bruissement des sens heureux. Tout vivait tièdement, l'air était conscient, et dans la grâce de l'ombre où le matériel s'immatérialise un peu, l'air semblait l'âme du monde, et l'air était exquis comme une âme en bonheur.

Il y avait Antoine, Pierre et Jean traînant leurs jambes langoureuses.

A l'épaule accrochée, et lourde comme un monde, la besace ballottante. Des mouvements de dos se tortillaient pour que son martèlement n'allât sans cesse atteindre le même point douloureux. Parfois, l'épaule penchée devenait si lourde que le corps allait tomber, et trop las pour se redresser d'un seul grand geste, ils devaient aller une marche serpentante d'ivresse. Leurs jambes flageollantes se mouraient, et par un dandinement de la tête et du torse, ils étaient trois ours harassés.

Puis, la faim âprement cramponnée au ventre, sous quoi ils pliaient. Elle vivait au bondissement du souffle, s'exhalait en la respiration rauque, presque ronflante, et sur les membres, et sur le torse étalée, elle traînait de grands vides qui s'en allaient jaillir au cerveau pour y mettre de la mort.

Le long d'un fossé, ils s'arrêtèrent, s'assirent. Ils déplièrent les besaces. Du linge noir s'y mêlait à du pain gris. Ils s'étendirent sur l'herbe fanée, repliés pour que leur corps eût la meilleure attitude reposante : les jambes collées, le torse tortué, un bras accoudé.

Voici l'instant violent de se repaître ; toute la faim monta à la bouche, ils eurent des crispations aux mains et des craquements aux mâchoires. Le bruit des dents, rude et bref, était de grincements et de chocs féroces et s'accompagnait d'une mimique inouïe du bras et du poing portant le pain à la gueule si rapidement que ces trois hommes semblaient se dévorer les poings. Ils avalaient d'un grand mouvement de gosier et, comme un caillou, chaque bouchée descendit au ventre, peser. Respirations formidables de fauves, l'air était mâché, pauvre et froid.

Ils cessèrent de manger. Le pain aride, par sa saveur monotone leur laissait une épaisse sensation de la bouche au ventre et gonflait tant leur estomac débile qu'ils ne surent plus s'ils avaient faim encore. Pourtant, les muscles s'avouaient faibles et pris de torpeurs, muscles amollis qu'un beau repas, croyaient-ils, aurait fortifié pour longtemps. Ah! s'assimiler les viandes! Le pain éternel qui pèse arrêtait les mâchoires.

Ils eurent soif affreusement. Il leur semblait que de l'eau coulant en eux, peut-être satisferait les sens, car l'eau se glisse en les cellules avec toute sa fraîcheur et baigne la vie des chairs. Puis l'on est calmé. Hélas ! l'eau des grandes routes où est-elle, l'eau belle ! Où, le ruisseau tendre qui va, où la pompe et son jet de vie ? Il faudrait errer à l'aventure pour quérir l'eau et marcher, par la lassitude énorme. Ils pensèrent : mieux vaut rester ici s'étalant, nous dormirons, et demain la soif ne sera plus.

Alors dans l'ombre, deux par deux, passèrent et repassèrent des amoureux. Les grands ouvriers des métiers pénibles contournaient fortement de leur bras la poitrine des petites amoureuses. Cela ne causait pas, cela se baisait à grands bruits. Les apprentis, les jeunes bourgeois frêles serraient la taille ou enlaçaient le bras, chatouillant le poignet, disant des mots menus tout près de l'oreille et riant de bonheur en silence.

Longuement, ils passaient dans le soir où l'on ne voit point. C'était un aller chantant de joie ; ils se fondaient dans la paix d'alentour, vagues ou précis, et délicieux, et leur présence était un prolongement de la vie du soir. Ah ! sous le soir fragile, près la tiédeur tendre d'une aimée, à contempler le regard des yeux atténués sous l'ombre et ne laissant d'eux qu'un souvenir très doux pour y poser des lèvres à tâtons, — oh ! tout le bonheur !

Quelqu'un dit :

— N'approche pas, ma Julie, il y a des roulants dans le fossé.

Ceux-là pressèrent le pas, craintifs, et longtemps leurs deux tâches marchèrent en un grand enlacement vers on ne sait quelle extrémité fleurie de la route où le repos s'étale. Le ciel se pliait sur eux, riche d'un peu de pâleur.

Antoine, Pierre et Jean braquaient vers les amoureux leur attention. Des regards charnels issus de leurs prunelles baisaient, ainsi que des lèvres.

Avec sa raideur ravageuse, tel qu'une vie s'en venant dominer leur vie, matériel et beau, le Rut éclata. Pauvres mendiants trimardeurs, ils furent ce soir trois formes couchées aspirant amèrement la nuit, et trop habitués aux tristesses pour bramer vers demain, ils revécurent hier :

— Ah ! dit Pierre, moi aussi je les ai eues, les Femmes ! J'ai vu des amoureuses à mon bras, le soir. Lorsque j'étais charron aux villages de mon pays, il palpitait des chairs tièdes. Ah ! les bonnes petites garces pâmées sous moi, comme je m'en souviens, cette nuit ! Toutes, elles avaient les gestes vifs de pl isir, et elles miaulaient parmi mes baisers. Et mes nuits de vingt ans, à moi qui ai vingt-cinq ans, je les pleure et je les râle. Un sourire, une façon de chevelure de celles qui passent me rappelle celles qui ont passé. Oh ! bon Dieu ! les grandes fortes et leurs nerfs violents, toutes crispées ! Et mes petites jolies, harmonieusement jouisseuses! La chair des femmes que je ne baiserai plus, elle pèse sur ma poitrine, et sur mes mains elle vibre de folie, mais ma poitrine et mes mains cuites aux chaleurs ne savent plus qu'offrir dérisoirement leurs désirs.

— Moi, dit Jean, j'avais dix-sept ans, j'étais l'espoir et je riais tout seul dans la vie. Un jour je vis ma voisine Jeanne rire avec moi : elle avait des yeux violets et des lèvres de cerise, elle riait, avec des fossettes. Un soir, nous nous sommes promenés seuls sous les arbres. J'ai pris ses mains, puis j'ai caressé sa taille et nous avons marché enlacés, longtemps, jusqu'aux prés si frais. Et j'ai baisé ses lèvres, et je l'ai eue joyeuse, si chaste qu'il me semblait posséder un Jésus!

Oh ! la vie d'alors, simple près de ma maison ! Jeanne parfumait les choses. Je me voyais fleurir en ses yeux, je chantais par ses lèvres. Vous ne comprenez peut-être pas, vous : j'ai aimé comme on le rêve, elle se taisait et mon cœur lui donnait des paroles. Aujourd'hui j'ai tout perdu, je vais au monde en voulant mordre comme les bêtes, mais tout mon cœur est là et quand ma fatigue se tait, mon cœur rêve aux femmes silencieuses qui ont de grandes lèvres entr'ouvertes.

Et Antoine dit :

— J'étais menuisier. Le patron avait une grande fille blonde. Un jour chaud, elle vint à moi. Nous étions seuls, nous avons causé, nous avons ri, nous avons joué. Et sur les copeaux de l'atelier, je l'ai renversée, et dans l'entrebaîllement farouche de ses chairs j'ai goûté aux délices. De grandes joies sont entrées en nous. Chaque soir, ses parents couchés, nous étions sur les copeaux. Rué sur elle avec tous mes sens, j'allais violemment selon nos désirs—, et ruts, et pâmoisons, et lassitudes lentes, et réveils encore pour l'amour, tout cela qui s'accumulait, se mouvait, disparaissait, cela palpitait dans la nuit ardente, et nous étions les êtres de chair énorme brandissant des virilités.

Ils se turent : les malheureux vivent en silence pour marmonner des inquiétudes. Ils s'étalèrent plus encore sur l'herbe étriquée, ils se vautrèrent.

Les mots parlés et les mots entendus se suspendaient sur eux, follement. Chacun, cloîtré dans ses souvenirs, les complétait idéalement avec sa jouissance passée et chacun y mêlait les paroles des autres : Belle, vaste et nue, avec des seins fondants au toucher, étalant tout son torse doux si tiède ! et ses cuisses qui s'émeuvent et jouent en agitations délicates, — belle, vaste et nue, s'anima la Femme. Des lèvres à écraser, une gorge qu'entourer de bras trop grands : on les replie et les mains vont voyager, comme alanguies de fièvre, sur les épaules. La Femme infinie, et son sexe qui brûle.

Dans la violence de leurs sens, le rêve vivait maintenant comme une bête d'ombre en une mer épaisse de sang.

Toute la nuit vint accroître le silence,

toute fraîcheur fut belle, les halètements parcoururent rythmiquement les trois corps couchés et leur chair gonflée se dressa plus encore pour des assauts.

Les amoureux ne passaient plus. Parmi la nuit infiniment posée sur les choses ils s'étaient allés épanouir. Dans les champs ou les bois étendus, sans doute ils se pâmaient dans leurs étreintes et les bouches inassouvissaient sans cesse le désir. Et les petites amoureuses sentaient, sous les cieux, glisser tièdement des sens en leurs sens.

Quand des hommes arrêtent leur esprit puis le lancent toutentier, en ferveur, vers quelque coin de la vie, — oublieux de l'alentour, ils iront comme des dieux à la conquête furieuse de l'idéal. Tels, Antoine, Pierre et Jean, étendus en la nuit fauve, sentirent la grande force du rut mouvementer leur être, et leurs énergies furent élues pour la poursuite sans fin, ce soir, d'une femme....

Une Femme vive, parée d'une claire robe belle qui se notait en la nuit imprécisément, — voltigeuse, une femme passa. Tous trois frémirent : ils ne l'avaient pas vue venir, elle surgit soudain à leurs yeux comme la matérialisation des songes. La belle forme de nuit vêtue de souvenir, celle qui est bonne ainsi que les amours passées et qui vague en caresse, elle alla !

Comme des chiens, ils la virent et la humèrent.

Alors tous trois soudainement levés, à pas tremblotants, car les battements de leur cœur donnaient la volonté haute de marcher, ils la suivirent. Seuls et jolis d'envie d'elle, il leur revint leur âme idéale d'adolescence, et cette âme chanta :

Tu est belle et pâle comme tout le frisson des cieux, tes yeux sont des beautés qui rêvent, — et que ta chevelure est tiède et douce sans fin ! Il y a sur ton corps la pureté de parfums et la transparence de fleurs et le charme mourant des choses qui flottent par le monde. Ah ! toi délicate, qui veux entrer en moi, sainte et bonne à ma chair, viens, mon Enfant !

mon amour va s'abriter, amie chantante, sous nos désirs. Nous serons tièdes et veloutés pour nos mains, ton corps sera délicieux, et je veux que mon âme soit blanche à tes yeux !

Elle les entendit marcher. Le bruit chuchottant de leurs pas s'imposa en elle semblable à l'aller ténébreux d'une bête féroce qui se cache, épie avant de bondir. Elle eut peur et se pressa.

Ils le remarquèrent :

Ah ! j'allais vers toi, grandiose et doux, ma force te voulait délicatement, et je me semblais un ouvrier aux gros doigts caressant quelqu'une de ses œuvres, légère. Voici que tu pars dans la peur, et tu pars, et tu me fuis, atroce. Oh ! va, cours, que m'im-

porte ! Je suis là, fatal comme un avenir. Ha ! Ha ! Tu fuis ! Mais crois-tu pouvoir emporter le désir qui me hante ? Les sons de mon cœur, dans la nuit dense, éclatent selon Toi !

Ah ! la garce et la gueuse, elle fuit ! Sans doute, c'est pour quelque amant de là-bas qui se hâte la venue. Et tu vas, la gueuse ! épouser de ton corps le riche amant ! Moi je suis un gueux, je suis le gueux redoutable des routes, et trop longtemps s'est évanouie ma chair. Tu es proche, et le Dieu de ma foi qui t'a mise sur mon chemin le proclame très haut, mon vœu de te jouir. Tu marchais doucement quand je t'ai vue et tes sens s'ouvraient vers celui de ton rêve. Qu'il attende, l'homme heureux que tu as déjà baisé d'autres soirs ! Qu'il reste au mystère de votre rendez-vous, et que l'inquiétude le saisisse, qu'il sente passer mon ombre menaçante. La révolte du roulant, elle pèse ! La voici sur lui, — et voici sa chair sur toi.

Elle courut. Ils coururent. Leurs trois mufles avaient l'allure haute d'un vouloir: les regards dardés, le nez épanoui, respirant tout d'elle et la bouche grandissant en rougeurs qui s'épaississait et semblait le formidable fruit de leurs désirs. Mais sur cela voltigeait un peu de trouble fait de la mélancolie du désir, de prière élancée, humble prière d'enfant qui ne dispose pas du bonheur et de la timidité de tout homme allant vers la Femme. Il y avait de la supplication dans leur rage, parfois le cœur pleurait, se fondait délicieusement, voulait L'apaiser et formait des rêves qu'il lançait joliment vers Ses rêves comme si Elle eût pu les entendre.

Elle courait, en terreur si forte que des sons d'extrême agonie s'échappèrent de sa bouche. Elle butta contre une pierre et tomba comme une chose abattue.

Alors ils se ruèrent. Ce fut la scène sans nom, douce à leurs sens. Tumultueusement vaguèrent les premières caresses. Des lèvres et des doigts la happaient en grandes confusions. A tout coin d'elle, il y eut des touchers. Et pendant que son corps se balançait inerte sous la terreur, trois ruts flambaient.

Antoine et Jean se mirent à l'écart.

Face à face avec Pierre, elle reçut des baisers et des pressions crispées de bras, et l'agonie de l'homme hurla, tandis que dans le noir se mouvait son torse.

Après vinrent Antoine et Jean. Leurs frissons d'ombre adoucie glissèrent, et la volupté vibra dans l'Immense.

Bienheureux que la nuit cachât leur trouble, ils furent debout près d'elle, tête basse. Leurs bras se firent légers comme pour un blessé, ils l'aidèrent à se relever, la pressant timidement et lui faisant frôler leur cœur. Ils se voulaient très doux, l'âme pleine d'excuses, et disant des regrets, et maudissant le monde des ruts.

Ah ! la chair était repue. Une nuit, ils furent des bêtes. Ils se regardèrent, hagards. Jean ouvrit les lèvres, sentant passer à travers lui des regrets divins et fit, d'une voix où se concrétisait toute la douleur de la nuit et de la vie :

— Oh ! oh !

Puis ils partirent, infiniment.

LE

CLAIR AMOUR ET L'INNOCENCE

Pour Henri VAN de PUTTE

Ce soir, en un geste de recueillements, j'ai allumé ma lampe : une clarté vint au monde, s'épandit vers les meubles, puis ce fut une glissée de lueurs sur mon âme. Je m'éveillai à vous, Aline ! Non plus avec les vieilles grandiloquences, quand chacune de mes actions était un geste de ferveur, un grand geste qui s'éploie et va sur les choses y mettant un émoi pour que vous le veniez cueillir. Votre allure un peu fanée, vos yeux et votre sourire se teintaient d'ombre et vous n'étiez plus l'enfant de la Vie, habitant en moi.... Car il s'est fait un grand calme dans mon cœur, comme si l'amour passait sur lui silencieusement et ne lui donnait de son passage que du souvenir à peine !

Pourquoi faut-il que tout amour finisse !

Jadis je n'avais qu'à laisser mon âme aller à la dérive pour qu'elle partît vers la vôtre. Jours de grâce où vous vous penchiez intimement sur mes songes, ils meurent ! vous ne vous imposez plus comme naguère, il faut que je désire votre apparition en concentrant tout mon vouloir. Or, à peine alors si un voyage plus tiède de mon sang rappelle l'ancienne passion.

Ah ! donc l'on oublie, voilà le pauvre amour humain !

Et j'essaie de tendre tous les ressorts de ma vie contre l'oubli. En vain ! Les sentiments s'en vont, l'âme hésite et s'ébat un peu, et souffre jusqu'à ce qu'il soit un grand vide. C'est la fin des émotions, et quoi qu'on veuille, nulle joie et nulle douleur ne se rattachera plus à l'amour défunt.

Ainsi l'a fait la Providence. Toute flamme a sa cendre, les choses matérielles se transforment sans que le néant soit leur dernière phase, — mais toutes les délices intérieures d'un homme qui rêva s'en vont, s'en vont.... Il vécut en elles hors de ce monde, là où règnent la douceur des airs, le charme furtif des fleurs et la joliesse des femmes qui bercent la vie. Hélas ! rien n'est plus, la nature n'a pas gardé la trace de nos émois, aucune fleur ne sera parfumée parce que nous songeâmes près d'elle, aucun air blanc et bleu ne voltigera sur nos sens en contant le passé, rien n'est plus, même en la mémoire.

Les amoureux qui connurent leur chair laissent un enfant au monde pour représenter les sentiments défunts, — mais moi je n'ai su que le charme intangible de vos beautés.

Ah ! Aline, je ne veux pas ! je ne veux pas ! Quelque chose de cet amour, sur la terre doit rester, qui dise mes expansions vers vous. Or, si je conte ici mon histoire, le récit en demeurera à travers les âges, sans fin, et tel toute chose à sa cendre, il sera la cendre de mes émois.

Je remonte le sentier de ma vie jusqu'aux jours d'enfance, ah ! du plus loin qu'il me souvienne, mon cœur fut attentif à vous ! Yeux ardents de gamin je vous regardais passer, toute petite fille en robe courte. Votre visage était si doux que j'y pensais longtemps : un ton brun et mat de la peau semblait s'allier à des parfums, il en jaillissait la bouche nette et la prunelle baignant en l'iris très noir, sans qu'on l'en pût distinguer. Alors je souhaitais être beau ou posséder quelque qualité par quoi vous m'eussiez remarqué. Tantôt je croyais : Les petites filles aiment que les garçons soient forts et maudissais ma petite taille et ma faiblesse, — d'autres fois : Les petites filles aiment que les garçons soient intelligents, et j'étais heureux d'être le premier à l'école.

Voici comment, Aline, l'amour est triste ou joyeux selon les instants !

Il me souvient d'un soir de quelque très bel été où vous vîntes à notre maison. Une maladie vous avait éloignée deux jours de l'école et vous vouliez demander à ma sœur quels étaient les devoirs et les leçons pour le lendemain. Vous vous êtes assise sur une chaise près la vieille horloge et vous avez causé. De quoi parliez-vous ? Peut-être de babioles enfantines, peut-être de l'institutrice méchante. Quelle harmonie s'épandait en votre voix ? Je ne songeais pas à cela : quand on aime, les détails ordinaires ne se perçoivent pas. Votre seule présence exauçait mes rêves, précieuse, agrandissait la vie et la projetait jusqu'en des cieux ineffables où le bonheur est beau. Timide et tremblant je n'osais lever les yeux, songeant : Elle doit se dire : il est le premier à l'école et me regarder beaucoup.

Ainsi toute ma première jeunesse fut parfumée de vos passages. Chaque fois un peu d'héroïsme montait flotter en mon cerveau et s'y mêlait délicatement aux chimères de mes lectures ou aux jeux légers que nous jouions entre garçons.

Puis j'eus douze ans, je devins grave et enthousiaste de bien des choses. On me mit au lycée.

Une douce loi de la Providence fit que nous allâmes en pension dans la même ville. Ville de province sereine que les bruits ne savent guère traverser, un repos charmant s'y mêle au silence ; si des gens y passent, ils se taisent, ou causent lentement, comme pour mieux savourer leur action dans le calme.

La vie au lycée me fut pénible. L'ennui, mon Dieu ! parmi la récréation quand les autres courent, de se promener en rond sous le paysage de ces fenêtres vieilles et de ces arbres gauches qui s'étiolent ! Deux ou trois camarades ne jouent pas non plus et forment un groupe qui peine à causer, se regarde et se touche du coude parce que chacun veut sentir une présence réelle et constater qu'il n'est pas seul à souffrir. Il m'a semblé alors éprouver une de ces maladies de langueur triste dont on ne guérit jamais.

Pourtant, même en ces longs malheurs, il fut de la beauté. Nous faisions les jeudis et les dimanches des promenades dans la campagne. Ciel atone et froid, pesant, plaine inerte dont les arbres sont sans voix, tandis que se déverse en ce contact avec le monde extérieur une mélancolie plus forte. Or, il advint, certains jours, que votre pensionnat se promenait sur notre route. Au loin une tache de mouvement ; c'est elles ! Oh ! l'approche en mon cœur des robes grenat, à frissons doux qui caressent toutes choses ! Le chagrin s'abolit, une grande tiédeur subtile s'empare de la chair, le ciel est bleu et les verdures si tendres s'agitent en grâce. Et, ah ! quand vous passiez, une douleur cruelle me transperçant représentait la plus belle part de bonheur qu'un homme pût envier. Un regard vous avait fait surgir, puis ce regard je l'abaissais et rien n'aurait pu me donner l'audace de vous contempler encore, Aline !

Le reste du jour était bref, autour des choses le temps voyageait rieusement selon la joie de Dieu. Lorsque nous traversions la ville au retour, toutes les femmes et tous les hommes rappelaient vous et moi, notre vie future confondue, tout mouvement chantait comme un geste de tendresse que vous m'enverriez.

Lors de l'étude du soir j'ouvrais un livre de sciences, puis, accoudé, lointain, j'édifiais ceci : La petite salle calme où l'on a causé en mangeant, — assise, Aline mon épouse laisse le foyer tiédir ses pantoufles et se tait en regardant mes yeux, l'amour existe dans ce regard et me pénètre finement jusqu'aux plus intimes fibres du rêve. Oh ! s'allier au silence amoureux ainsi que deux grillons lorsque la bonté de vivre fait les chants cesser pour qu'en grand recueillement le bonheur s'en vienne et monte !...

Plusieurs années s'écoulèrent.

Hélas ! par un jour de juillet très bleu vous avez à jamais quitté votre pension. Je sais bien qu'il est tièdement délicieux aux jeunes filles d'entrer dans la vie tapissée d'hommes et d'amoureux et je m'éjouis sans fin de ce frisson de votre plaisir, et chacun de vos bonheurs est un des miens. Mais en l'année suivante, il me fallut errer seul et seul à travers les études et les bruits du lycée et sentir un départ infini de mes douceurs et mes tendresses, puis mon âme un peu s'encarna. Vous ne pouvez savoir, mon enfant, l'atroce angoisse quand les sens surgissent vers les jouissances animales ?

N'en parlons pas. Je suis sorti de ces horreurs. Aussi bien, n'est-ce vous, dont l'allure délicate me fit retourner aux sentimentalités premières ?

Il y avait des vacances le long desquelles j'errais en notre très petite ville pour vous apercevoir. Un jour de l'an, par un de ces jours de l'an si doux que la vie semble une chose neuve, tandis que je passais devant votre fenêtre, une paire de vos bas séchant flottait au vent aigu. — oh ! cette histoire de bas va paraître grossière ! — ils se balançaient en fluidités longues semblables à l'amour noir flottant sur le monde.

C'est, en cette année, le seul souvenir que vous m'ayez laissé.

Les ennuis eux aussi s'écoulent, on n'en conserve qu'une image dure aux coins de la mémoire. Donc, mes dix-sept ans accomplis, je sortis du lycée, juvénile et vibrant, pour aller vivre chez mes parents, mon cœur éparpillé selon l'art du rêve. Il fallait que j'étreigne les sentiments et les émois que l'on éprouve à comparaître sous le grand ciel parmi les nuées, les airs, les plaines et les feuillages, avec une âme humaine. Je voulais m'épandre partout où la vie bout, et je voulais que mon premier amour servît d'impulseur à mon cerveau.

Je prends à témoin tout ce qui fut heureux : chaque fois que j'eus du bonheur, c'est parce que votre présence venait autour de ma pensée, dans l'air ébiouissant des adolescences. La trace de votre vie est sur ma vie d'alors. Quand je vous aperçus l'espace s'amplifia, l'alentour devint vaste, édénique et doux, traversé par des musiques surexhaussées jusqu'à la Joie.

Tantôt, derrière votre fenêtre, travailleuse à quelque besogne infime et précieuse, sur le fond sombre des vitres votre profil se composait de coloration atténuée, de contour indéfini, une volupté spirituelle l'auréolait, — et cela c'est une Vierge grave qui travaille pour que son geste soit exemplaire. Or, je ne vous donnais qu'un coup d'œil humble, car si mon regard avait rencontré le vôtre, j'en aurais eu honte comme d'un aveu.

Tantôt, par ces matins clairs en lesquels s'ébattent les dimanches, un frisson de ma vie vous suivait allant à la messe. Chant des cloches vers l'amour, qui descendiez de l'azur en nous, ô chant des cloches blanches ! Ma sœur m'a dit que vous aviez un chapelet de buis et qu'aux grands moments de l'office vos lèvres y posaient un baiser. Oh ! Aline prie comme une bonne femme des champs, ses yeux, et ses doigts, et sa bouche sont des choses de Dieu !

Mais les plus belles histoires de mon passé sont celles des temps où je vous causai. Jésus ! il fut un jour heureux qui passa sous le ciel et qui nous mit l'un auprès de l'autre. Voici :

Il vivait alors un bon homme qui avait un fils et une fille. Vous étiez l'amie de Jeanne et j'étais l'ami d'André. Chaque soir j'allais à leur maison pour m'égayer. Or, une fois, vous étiez là avec votre mère : Elle et sa mère, Jésus ! Comment exprimer cela, en chantant ou en pleurant ! A l'entrée des émotions s'élancèrent, un aveuglement rose et d'or m'advint aux yeux, puis un sang rapide roula à travers mes sens des bonheurs inconnus si violemment bons que j'en titubai. Dans mon trouble je ne sus un instant où m'asseoir et j'étais debout, maladroit et empâté, regardant partout sans voir.

Enfin, je choisis une chaise en un recoin d'ombre, et admirez l'instinct de l'amour, cela rendait ma présence très immatérielle, vous ne me voyiez guère, mais l'essence même de ma vie devait voltiger alentour de la vôtre.

Votre mère m'a beaucoup causé, elle connaissait mes occupations poétiques et m'interrogea. L'émotion s'atténua : donc, sous la double influence de mes poètes et de vous, je lui contai combien j'aime la tendresse des rythmes, et que c'est d'un charme sans nom, soupirer et vivre avec les génies que fit Dieu. La création n'est belle que parce qu'on la peut chanter. Peut-être je fus éloquent puisque — oh ! ce n'est pas une illusion ! vous vous êtes illuminée et des grâces se nuancèrent en vos yeux. Et vous avez désiré :

— Monsieur, voulez-vous en dire, des vers !

Telle est la prescience des femmes : j'aurais tout donné pour que vous formuliez ce vœu, car après avoir parlé d'une chose de notre amour nous la voulons montrer aux autres, souhaitant retrouver en leur esprit le même enthousiasme qui présida à nos discours. S'il est vrai que par un acte d'une créature l'on peut juger de toute elle, à cause de la parenté qui existe entre chacun des instants de la vie, — quand deux désirs se confondent, j'y vois le signe inéluctable d'une fusion faite pour être immortelle. Et dites, Aline, que ce désir venait de votre cœur d'alors, à tel point que vous eussiez souffert si je ne l'avais satisfait, — dites, Aline ! pour que je puisse croire en une loi nous désignant l'un à l'autre.

Mon ardeur s'embellit à vos paroles, monta inextinguiblement vers de l'extase, puis s'épanouit partout où s'ébattent les fibres de ma pensée, jusqu'à ce qu'elle fût un flamboiement. L'enthousiasme a sa folie : moi, je fus un homme surhumain qui jette son esprit dans la gloire et l'étale à une amante pour qu'elle admire.

Ah ! donc me voici debout. Il ne faut pas dire que j'ai récité des vers : je les exhalai. Verlaine, d'une voix bénie, y chanterellait la tristesse monotone des jours humains et s'éjouissait de Dieu venu les éclairer. Ah ! caresse des rythmes, jeu des mots, suprême bercement qui semble la palpitation frêle d'une âme jolie, — et vous, petite idée du Bon Dieu qui parcouriez mes vers !

Quand je commençai, Aline avait levé un geste, elle le rabaissa, lentement, lentement, de crainte qu'un mouvement brusque ne troublât sa pensée à m'entendre. Puis elle prit une pose simple en laquelle son âme adoucie transparaissait par une façon plus vague de s'emmêler les mains, par un visage détendu sous la paix troublante et des yeux s'éloignant des choses. Le dernier jet du poème fusant en le dernier vers, un souffle l'agita et la fit s'exclamer :

— Oh ! c'est beau, qu'on en pleurerait !

Pleurer et rire près d'Aline, sous les

cieux et la lune languissante, pleurer de joie toutes les beautés du monde et notre vie suprême qui s'y mêle !

Pendant la semaine qui suivit cette rencontre, comme je fus heureux ! Il y a eu des étoiles en moi. Les jours étaient baignés d'un azur grandiose dont la lumière, dont la tendresse me faisaient apparaître la face de Dieu et savourer sa bonté. Mais les nuits de mon sommeil ! C'était Vous en sourires translucides, Vous en attitudes sanctifiées reposant votre main dans ma main ! Chaque nuit je m'éveillais pour vous caresser d'une pensée consciente, puis regardant l'ombre du côté de votre demeure, avec une âme qui bénit, je songeais : C'est par là qu'elle dort, la mienne !

Voici un autre soir, chez André : une belle douceur de la lampe est rose et heureuse, car vous êtes là. L'ombre aux angles des murs tressaille comme une chose vivante, comme une belle chose de mystère dont la présence allonge nos sentiments.

Nous sommes deux garçons et trois filles, — donc, pendant que Jeanne ou Marguerite tiendra le piano, il a été décidé que nous allons danser. Mais je ne sais pas et j'ai peur de montrer ma maladresse. Je dus céder.

Jeanne est la première femme avec qui j'aie dansé. Une polka, balbutiée par une ancienne petite pensionnaire, se mêlait à nos pas, tournottait en battant des sons trop lourds. Jeanne, d'un grand élan de son corps m'entraînait autour d'elle, si bien qu'il naquit du rythme en mes pieds, mais mon torse gourd ne sut pas céder à leurs mouvements et ralentit et tortura la cadence. J'ai conscience de n'avoir pas été un séduisant danseur.

Jeanne dit : A présent, il faut que tu fasses danser Aline.

J'allai. Vous vous êtes levée, mon bras gauche contourna votre taille et s'y reposa, tandis qu'une petite chose moite était, abandonnée dans ma main droite, votre main fondante. Vous étiez plus malhabile que Jeanne, nous cherchions à nous mettre au pas, il y eut des mouvements faux qui s'élançaient soudain, des tours où nos pieds battaient sur place une mesure drôle qui n'était pas celle de la danse, parfois des heurts mettaient en contact une parcelle de nos corps, alors j'éteignais en moi le sens du toucher, car il faut craindre que mes sens apprécient votre chair et se vêtent de son souvenir et me content que la forme en est tiède et belle.

Le jour de l'an vint, et tous ses souhaits du matin délicat. Cela se fait comme après une absence : l'ami que l'on revoit n'est plus tout à fait celui d'hier, on lui offre ses souhaits qui signifient le désir de renouer et de se fondre l'un en l'autre, puis les étrennes sont douces ainsi qu'un souvenir de voyage. Jeanne me donna des cigarettes et je suis resté longtemps près d'elle, songeant que vous alliez venir et agrandissant ma joie par cet espoir.

Oh ! soudain la porte s'ouvre : dans la rue vous aviez frissonné et vos vêtements s'imprégnaient d'un peu de froid, mais Aline fut une fleur fine et douce qu'arrose un matin frais.

Il n'y avait que Jeanne et moi dans la salle. Après avoir embrassé Jeanne, vous vous êtes approchée. En même temps que mes lèvres se tendaient vers votre visage, vos lèvres se tendaient vers mon visage, il en naquit un désarroi grâce auquel le baiser que je voulais déposer sur la joue descendit à la commissure de vos lèvres. Or, c'était un tout petit coin tiède qui sourit et dont la chair profonde céda. En ce temps je trouvais une saveur au baiser des jeunes filles : celui de Jeanne donnait le goût acide et grêle des groseilles, ma tendre petite sœur Louise me parfumait d'une bonté de laitage champêtre. Votre baiser eut la senteur sombre des framboises dont l'âme touffue repose dans les jardins. Les parfums que j'en ai respirés lors de mon enfance revécurent, par des crépuscules roux d'automne où je vous portais en moi.

Je ne savais pas que ce jour suprême d'amour dût être le dernier. Lorsque ma vie, parée de votre baiser, flottait de chose en chose, donnant à toute beauté un éclat de la vôtre, lorsque toute tendresse et tout émoi semblaient cueillis par la Nature en votre âme, alors j'appris que votre père, fonctionnaire, venait de recevoir son changement et quittait sur-le-champ la petite ville ou nous vécûmes.

Mes souffrances solitaires n'importent. Il ne doit y avoir en ces lignes que l'histoire des sentiments qui naquirent par votre présence. Beau récit de joies simples que j'ai narrées à jamais, vous vous êtes écoulé sous ma plume d'un soir et vous avez chanté le dernier chant du banquet de mon cœur. Oh ! puissiez-vous l'avoir dit si haut, qu'Aline en vous lisant entende le départ de ma jeunesse enfantine et bénisse, en une gravité de ses mains mates, tout ce qui fut l'Amour et s'attriste comme une morte de ce qui est l'Oubli.

Et, Aline, partez vers la Vie future, l'ancien amour repose. Il n'est qu'un calme sans borne à parcourir l'espace, les rumeurs du monde s'éteignent, je m'en vais ! Le ciel fut profond aux passionnés ; il s'exalte ainsi qu'un cri de gloire alanguie sur leurs chairs, il s'exhale ainsi qu'un songe vers leurs âmes adorantes, il ouvre le matin des jours amoureux et quand deux regards se fondent, c'est en lui. Moi, je suis un pauvre homme calmé. Ni la Mort, ni la vie ne me sont heureuses. Je ne vois plus le ciel : azur enchanteur, ah ! votre fin naïve. Ployez sous le poids des ans la carcasse de vos couleurs, que m'importe ! Je ne sais plus voir le ciel. Ah ! l'ombre, ah ! l'oubli !.... Car mon cœur en mon corps n'est plus qu'un rien et tout l'Automne venant proclame la fin du rêve en la fin des choses.

LE PAUVRE AMOUR EN CHAIR

A Louis LUMET.

Las de lire, triste d'avoir rêvé, il sortit pour aller en un café bouillonner sous l'alcool rude. Un soir mou flottait autour des lumières, glissait en coups de vent frais sur les rues, les maisons et le fleuve, et semblait venir d'un infini morose. La Seine était un long velours fripé qui s'orne de feux dansants.

Pendant qu'il franchissait le pont des Invalides, son soulier délacé l'obligea à se baisser pour faire une boucle, puis, comme il jetait un regard quelconque en arrière, il La vit.

Tous deux habitaient la même maison. Le hasard des besognes les fit se rencontrer dans l'escalier. D'abord ils s'entrecroisèrent, roides et absents à leur passage, — mais puisque les yeux de la jeune fille chantaient et riaient, il les observa chaque fois : c'étaient deux petits êtres noirs et brillants qui, par un point d'absolue lumière, contaient sa vivacité gaie, et en un contour bistré sa volupté chère, câline. Elle avait des cheveux tendres que le manque de soin plaquait sur sa jolie tête comme des mutins en joie. Or, et sa chevelure, et ses yeux, et ses gestes voletaient, papillottaient et dansaient, elle était faite d'un grand sourire qui allait d'elle au monde, toujours. Peu à peu, il apprit à la toute connaître et à tout savourer, si bien qu'en ce garçon rêvant l'Amour tomba. L'Amour tomba comme un charme d'or sur la vie. Voici que si elle lui envoyait un sourire alléchant de ses yeux, il en avait l'âme atteinte et l'exhalait par un regard tremblant.

Ah! petite fille adorée, vos pas battaient le sol avec des sons joyeux, et vos jupes agitées se dandinaient comme on le rêve. Sur le chemin de Georges, c'est vous! et vos grâces, et vos yeux, et vos mains, et votre chair, et Vous! et vos mouvements qui bruissent sur les sens, et le Bonheur! Et soyez bonne et heureuse, petite fille, soyez blanche et douce, et vive et heureuse. Riez!

Georges était mélancolique sans fin, et depuis les jours d'enfance il ne se souvenait pas d'avoir éprouvé un de ces bonheurs pleins qui rendent le Présent cher et l'Avenir radieux. Mais on eût dit que ce soir, en la voyant, se rompaient les digues de tristesse. Son cœur battit à coups sourds pour exhaler un sang dont les rumeurs passaient, touffues et défaillantes, son cœur battit comme un matin sur sa chair adolscente et dansa une agonie sur son âme en attente. Il étouffait aussi : il y eut deux artères à la gorge qui éclataient et faisaient les oreilles bourdonnantes. Je ne sais comment il marcha : ses jambes tremblaient. Et tout cela qui s'angoissa fut un bonheur inconnu où les clartés du monde règnent et vont des cieux à l'homme, et passent sur la terre et la baignent, et font tressaillir des fibres, chanter des teintes et sourire des gestes.

Il ralentit sa marche : ah ! Georges, vous avez essayé de trouver assez de courage pour songer au moment, lorsqu'elle vous atteindrait, où vous enverriez un sourire et un mot ! Vous n'avez pu, mais tel celui qui s'arrache à toute timidité soudain, puis d'un grand élan ferme les yeux et court au danger, vous dites : Bonsoir, Mademoiselle !

Le geste advint ensuite comme s'il avait été convenu entre eux. Quelque chose les poussa l'un vers l'autre : elle, taille fléchissante, qu'il entoura de son bras.

Douce, qui fonce sous la main appuyée, il sentit une hanche fine bondir selon la marche, et semblablement le dos crépitait un peu, tressaillait : un, deux, un, deux, à chaque pas, posant des contacts accentués — atténués dont il eut l'épiderme tout chatouillé. Et parce qu'elle n'avait pas de corset, le tortillement fragile que se donnait le petit corps chanta une presque possession.

Mais sur cette hanche étroite, le bras ne pouvait se maintenir. Georges le haussa pour contourner la poitrine, curieux. Dieu! épaules et poitrine cédantes, tout un mouvement d'ossature et de chair abandonnée, si bon qu'on ne l'oubliera plus. Joie! ah! joie, corps craquant, et tressauts et flexions : elle appuyait sur la saignée du bras replié où ce fut un ensemble de douceurs glissantes jusqu'aux moelles.

Cependant il ne trouvait pas à ces contacts le plaisir au-delà duquel rien n'est, car un homme auprès d'une femme a la fièvre et cherche, de pose en pose, l'attitude calmée qu'on voudrait éternelle.

Peut-être serait-il meilleur encore de poser un bras sur l'épaule, afin de mieux éprouver le volume de la petite tête. Or, au lieu de chair le plus suave, mi-partie sous le menton, mi- partie sur la gorge, il mit ses doigts en voyage. Une chaleur était extasiante et il en sourit de bonheur. Surtout la pomme d'Adam, à peine bombait, divine comme de l'ombre, puis les deux carotides qui battaient sa vie, il les désira baiser.

Et ils causaient. Il dit, en chantant de

la joie : Eh ! où allez-vous, Mademoiselle !

Elle eut un rire plein de silence qui lui ferma les yeux et distendit la mâchoire inférieure. Ce rire fut long, pendant lequel il la contemplait. Alors elle dit : Je cherche un amoureux.

Pauvre petite putain, tes yeux tendres, et tes cheveux doux ! Tu devins adorable pour mon Georges et ta chair fut la chair sacrée qui souffre et ton corps fut le corps de malheur que l'on baigne de pitié.

Le Cours-la-Reine épanchait au-devant d'eux son avenue d'automne et d'ombre accrue jusqu'à un trou bleuâtre où voyageaient des lueurs. L'ombre profonde des branches les arrosait d'un recueillement qui fit leur amour grave, et le chuchottement multiple des brindilles, de mille petites voix claires qui chantaient au cœur. Entre deux rangées d'arbres, il était un sentier au ciel, par où les âmes jolies s'échappent vers très haut pour rêver en oubliant la terre.

Il conta : Je m'appelle Georges. Elle dit : Moi. c'est Alice.

Par un mouvement de hanches, elle fit dévier vers un banc la ligne de leur aller. Ils s'y assirent. Georges posa sa main sous la nuque, elle laissa peser sa tête : or, ses lèvres s'entr'ouvrirent et il y mit un beau baiser rouge. Elle avait des lèvres flexibles qui, humides et larges, reçurent les deux autres lèvres avec tout un abandon. Mais il ne pouvait croire à son bonheur. Eh ! quoi, celle qu'il rencontrait dans l'escalier était près de lui! Pour s'en assurer, il la baisa et rebaisa vivement : si c'eût été un rêve de sommeil l'ardeur des baisers l'aurait éveillé. Il lui prit la main. Un jour, les bras nus, elle tendait un geste, il pensa que sa main était un peu large et fondante, que ses doigts avaient les nouures des phalanges concaves et douces d'une chair grasse qu'il lui semblait toucher. Donc, il caressa les doigts d'Alice, et c'était réel. Il entoura le poignet qui fut d'une grosse ossature, avec la ride de chair potelée qu'ont les enfants : en dessous, un tas de petits tendons semblaient crier : cric, cric, quand il les fit jouer.

Tel, il parcourait adorablement ces

beautés, sa chair en bondit par des suavités plus vives, il se leva et entraîna la femme vers l'étreinte.

Puis, voilà le touchant amour des naïfs : parce qu'il était trop haut dans l'enthousiasme, il ne la pouvait croire fille d'amour et se la composa au cœur comme une petite ouvrière neuve et lumineuse dont le sourire se joignait au sien.

La nuit de vent souffla en leurs moelles et le désarroi des choses contait le bonheur, dans une chambre close, à entendre ces bruits, tandis que l'on accompagne de baisers et de mines amoureuses. La Seine flottait et frétillait comme, au vent, un ruban.

Passé le pont des Invalides, ils prirent

une rue étroite qui les menait chez eux. Personne. Des hautes maisons englobaient un repos. Les becs de gaz s'allumaient très rares, leur lumière sembla émettre du silence. Georges lui pressait la taille et osait mettre la main au ventre. Alice se pliait, s'abandonnait, comme les femmes aux bras d'un homme ou les enfants sur les genoux de leur père.

Ce fut naïf lorsque, devant une crèmerie, elle prit une voix très sucrée de petite fille pour soupirer : Ze voudrais bien boire du petit lolo.

Il lui mit deux sous dans la main et attendit. O laitage des champs à l'éternelle écume, qui s'exhale en beaux arômes et a le goût des douceurs de la Vie !

Quand elle revint, il dit : Dans mon

pays, on boit le lait tout chaud, puis, sans s'essuyer les lèvres, on baise dans le cou la grande fille qui vient de le traire.

Ce n'était pas vrai, mais il aima lui faire croire qu'il avait eu beaucoup de femmes.

Près de leur maison, il ne fallait pas qu'on les vit ensemble, elle le pria de quitter son bras et marcha la première, pendant que lui, pour les passants, se donna l'air d'un bon flâneur. Un instant après qu'elle fut entrée, il monta à sa chambre et alluma la lampe. Mais elle avait dû passer chez elle. Georges se mit en peur : quelque circonstance navrante, comme souvent on les rencontre aux chemins de la Vie, n'allait-elle pas empêcher. Alice de venir ? Il vint une sensation de vide : Ah ! ils étaient deux en amour, le voici seul ! Pour qu'elle fût là plus vite, il alla au-devant d'elle.

Un vieux maçon ivre, son voisin, qui, sur le palier, lui adressa la parole, n'eut pas de réponse.

Oh ! mon bruissement dans l'escalier, oh ! mes pas aux chants de soie, et mon beau frisson du rire d'Alice qui monte ! Il lui prit les deux mains, et ils rirent beaucoup parce qu'elle faisait semblant de ne pas pouvoir monter et qu'il dut la hisser à coups de secousses.

Il ferma la porte sur le monde. Cette chambre était sale ainsi que la vie des pauvres : à chaque coin montait un hoquet de dégoût, trois chaises râlaient sous la poussière et un vieux lit entassait des matelas si fatigués et crasseux que l'homme qui y couchait sentait son âme enlaidie. Elle fut une bonbonnière délicate et rosée : autour de la lampe, un grand air d'or, et le lit chanta l'abandon d'amour.

Il mit Alice dans ses bras. D'abord, les baisers parcoururent les joues qui contenaient un parfum d'on ne sait quoi : quand les lèvres appuyaient trop fort, ce parfum n'était plus, mais à chaque retour de baiser, il survivait encore. Il y eut là un jeu de cache-cache entre Georges et le parfum. Puis, au coin de la gorge, en un chaud petit nid, le baiser s'enfonça, à croire qu'il allait pénétrer.

Mais, soudain, il happa la chair furieuse des lèvres, fit craquer cette femme dans ses bras, rouge, les sens en rage, et l'abattit sur le lit comme une bête vaincue.

Epanoui plus qu'une fleur, il mourut. Elle avait reçu sans frémir l'atteinte des voluptés, et pas un point de son corps n'avait chanté sous le mâle.

Ah ! Alice, mon Georges croyait vous voir à lui, comme il était à vous, mon Georges croyait que votre chair se nouerait à la sienne pour le Plaisir, hélas ! Alice, vous eûtes l'abandon sans charme, vous eûtes le corps qui reçoit les baisers sans les rendre !

Oh ! dégrisement ! Il restait étendu, ne sachant quelle contenance prendre, et toute action lui paraissait superflue. Après avoir possédé une femme, on est las de vivre plus que jamais. La supposant attristée aussi, il sortit de son cœur et lui posa sur la joue l'un de ces baisers qui sont destinés à amoindrir la peine des souffrants.

Après s'être levés, ils se dévêtirent pour la nuit de sommeil. La chair venait un peu de mourir et surnageait maintenant en une fatigue suave, des sens au cœur. Au premier dégoût avait succédé un calme tout doux qui s'épandit dans les membres comme en bruissant. Un sang clair forma une vie neuve sur son corps jusqu'à la naissance délicate des souplesses et sur son esprit pour que s'y ouvrissent des compréhensions délicieuses où il faisait suprême et un peu las.

Quand elle se fut couchée, nue, les

épaisses papilles du toucher en rut avaient fui ; des paumes, une fraîcheur et un vide qui coulaient vers les doigts de Georges appela ses mains pour un voyage. La chair du dos eut la douceur molle d'un satin vivant sur lequel il resta longtemps sans bouger, écoutant ses mains être en bonheur.

Il n'y eut pas les sens à s'interposer entre les sens et son cœur : il savoura simplement, analysa précieusement, ainsi que pour des teintes ou des parfums de fleurs. Sous un remuement, parfois elle prenait une autre pose, le toucher de Georges se faisait plus rose, sa vie venait en ses mains rêver. Alors cela lui glissait aux bras, rampait en son corps et en son âme, et c'était un enroulement de bontés !

Les petits seins flasques et jeunes, entre le pouce et l'index il les fit se mouler et les soupesa comme une chose puérile. Surtout il aima baiser les yeux où c'est très dur, et c'est très tendre et ça frémit comme si l'on baisait l'âme.

Il aurait voulu qu'elle fût une petite fille exhalant sa mignonnerie par des yeux curieux et simples et par une mine frêle et précieuse de naïve créature. Sa jolie tendresse de sentiments voltigea sur la tiédeur dormante en laquelle fut ce corps de femme, il se mit à la bercer dans ses bras avec de discrets et longs mouvements, et il murmurait : Pauvre petite amie ! Souvent alors, il mettait une main sous la nuque d'Alice, lui levait la tête pour voir en son visage aller des douceurs. Il lui passait aussi la main sur les cheveux, souhaitant qu'elle fermât les yeux comme une chatte flattée, comme une âme qui se confie et s'endort.

Mais il fallait plus que l'emmêlement paroxyste de leurs deux corps, ils devaient monter très haut par delà la vie, s'épanouir, contempler le monde et le voir dans une grâce telle qu'il fût suave aux sens et au Rêve, il fallait que les choses fussent musicales, parfumées, caresseuses, colorées, ah ! si belles qu'on eût cru y avoir goûté et qu'on en fût hanté comme par le souvenir d'un mets infini. L'or, l'azur, les fleurs et les frissons, tout ce qu'ont senti les hommes et qu'ils ont chanté jusqu'à mourir, il fallait l'exalter.

Alors, Georges se mit à dire des contes de fées.

Il la mena dans un pays où l'air pâle a des tons roses, et sous un beau soleil tendre on y glane de l'amour. Les papillons, les fleurs et les fils de la Vierge s'emmêlent en des baisers. La forêt les recouvre d'un calme de clartés et de verdures que parcourent les bûcheronnes, les princes, les princesses et les fées. Quand le vent chantait dans les feuilles, il faisait tout frémir, on l'eût pris pour le frisson heureux des choses.

Ah ! la fillette de quinze ans, que des yeux bleus adoucissent : ses lèvres sont très roses et des papillons s'y sont trompés, ses cheveux voltigent alentour de sa vie et le disent avec toute une grâce de rayons soyeux. S'ils la voient, les méchants sentent leur âme pleine de bontés. et les fleurs se balancent et s'exhalent par des parfums plus denses. Voici qu'elle aime : c'est un bûcheron ou c'est un prince, l'amour divague en leurs âmes. et tous ses jolis grelots ! Ils vont au monde béni, les fées les secourent dans leurs ennuis, ils vont et s'épousent, et jouissent.

Georges conta ces belles histoires que Mendès a narrées : elles sont d'Amour simple et de Mort enchantée. La chair y est heureuse comme aux roses ou aux petits enfants, il faut qu'elle rêve et qu'elle parfume. On se vêt de brocarts, de velours et de satin, les pierreries sont de soleil splendide parce que tout doit être beau, puisque la beauté fait le bonheur,

Il le conta, en une belle flamme de voix flexueuse qui, aux passages heureux souriait ingénument et dans les grandes périodes, alors que les choses sont en délire devenait la voix un peu monotone et zézayante des tous petits. Grâce et douceur ! elle eut des attitudes pour prévenir et caresser les sentiments que Georges supposait à Alice. Il tenait la jeune fille entre ses bras et posait la tête sur son épaule. Ne pouvant pas former ces gestes souples qui ont le mouvement même des paroles et semblent s'enrouler autour d'elles, il y suppléa par un voyage et un toucher de ses doigts. Lorsque le conte se faisait doux et mélancolisé, Georges appuyait les doigts seuls et les laissait reposer silencieusement, mais aux beaux moments des baisers d'amour et des triomphes de la vie, il recourbait la main, et la paume et les doigts, pressaient la chair de la femme avec délectation.

Hélas ! son imagination devint lasse de tous les songes fervents. Presque soudain, tandis que pour en apprécier l'éclat, il le tournait et retournait dans son âme, tout se ternit. Les roses lourdes ne savaient plus frémir, les papillons ne battaient plus leurs ailes de gaîté, leur mouvement sembla froisser du silence et du repos, les fils de la Vierge qui se balançaient de branche pour jouer avec le soleil pendaient ainsi que des loques, et le rire des bûcheronnes, des princesses, des fées et des princes avait un ton d'automne las.

Son cœur ne se mariait plus à son imagination lorsqu'elle alla l'aventure. C'était comme si ce cœur, après avoir battu trop fort devait s'alentir. Voici bien tout qui s'éteint ! les lilas qui ont fleuri aux jardins de nos douceurs, voici le printemps s'accroître, leur fraîcheur se hausse en la vie, mais le beau crescendo de juin fait leur mort.

Pourtant, Georges venait d'une atmosphère lumineuse où tout caresse la bonté. Il lui en restait une foi au bonheur. Et si l'on a épuisé toutes les sentimentalités peut-être, ah ! sans doute, il est du bonheur encore ! A la surface des chairs, c'est le plaisir, c'est le bonheur !

Il est des attouchements essentiels où

la chair éveille la chair, fait surgir un monde de sens vivaces qui s'épanchent et se lèvent vers le plaisir.

Sous les contes. Alice s'était endormie et son corps formait un seul bloc lourd comme un fardeau. Il y eut la chair du dos avec sa tiédeur ferme, la chair d'au-dessus des hanches qu'agite la respiration, elle se hausse et se baisse, et quand elle se baisse la main repose sur une couche moëlleuse, la chair du ventre qui brûle et semble contenir des délices, la chair des épaules pleine de grâces, la chair épaisse et savoureuse des seins, la chair satinée des bras frais, la chair un peu moite et grasse des mains ployées : celle-ci tressaille et toute une vie tendre y passe. Mais parce que Georges analysait ces choses, il ne trouva point le beau charme d'amour.

Elle s'éveilla en bâillant et le laissa faire, mais comme par certaines attitudes affaissées, elle semblait se plaindre, il ne voulut pas l'ennuyer plus longtemps et, lui posant son baiser sur les lèvres, il alla !

Or, cette femme, la tête pesante, les yeux fermés, les bras mous étendus, laissa s'affaler un corps inerte et flasque dont la masse qu'entourait Georges de bras bruyants fut si morne et somnolente qu'il s'apparut brutal et accomplit la volupté avec une honte.

Il tomba, triste ainsi qu'après une défaite. Ah ! le vain amour que l'on tâte et que l'on expérimente sur la chair des femmes il est mort avec le rut. Le voici comme un cadavre douloureux qui s'étend et s'étend ! Il passe du dégoût, et le dégoût transperce tout rêve du cœur. Il passe quelques songes et quelques souvenirs, mais tout a des sens ennuyés, et le dégoût s'élève et râle et fait voltiger une odeur, ah ! une odeur ! L'oubli ! mon Dieu, l'oubli ! et dormir en une inconscience de bête, dormir vers le vide.

Sommeil noir qui pénètre et glisse au cerveau, puis s'épand comme un doux voile, on vous sent osciller aux tempes et sur les yeux, et tout s'écroule en vous !

Le lendemain, au réveil ténu, lorsque l'âme est si pure, que de penser au jour bruyant, la froisse en son mystère rêveur, l'odeur aigre et louche qui s'échappait des sueurs pénétra dans ses sens, ignominieusement.

Ses jambes, alors, touchaient celles de la femme, il les retira pour que rien d'elle n'entrât plus en lui. Ce voisinage matériel dominait la vie du monde, encombrait de lassitude les objets et la lumière, épaississait les rêves comme de tristes bêtes sans grâce, et ah ! ce n'était pas l'éveil d'oiseau chanteur que savent bien les jolies âmes ! Elle avait une respiration longue et vitale qui, par la monotonie à agiter son corps régulièrement, mécaniquement, agaça Georges jusqu'au fond des nerfs et, pour l'éveiller, il se tourna et retourna dans le lit avec le plus de remuement possible. Après de lourdes chutes de sa tête sur l'oreiller, elle s'étira et dit qu'elle allait partir. Il se tut et ferma les yeux. Il ferma les yeux sur la vie, sur l'amour, et il fallait qu'un calme d'oubli lui vînt au cœur.

Elle sortit du lit, alors il s'étala, il lui semblait qu'une contrainte venait de s'abolir et que maintenant il allait jouir pleinement de lui-même et de tout. Puis, comme elle finissait de s'habiller, il attira pesamment son pantalon placé sur une chaise voisine, sortit d'une poche cinq francs, prix convenu de leur nuit d'amour et les lui mit dans la main. Elle partit.

Il entoura sa poitrine de ses bras, comme pour se presser lui-même sur son cœur, s'apparut un tout petit enfant en peine ... et dormir, doucement dormir, avec l'abandon d'un enfant malade !

Achevé d'imprimer

LE 10 MAI 1897

Par Léon BADEL

A CHATEAUROUX

Pour la Bibliothèque de l'*Enclos*

F. CLERGET, Editeur.

QUATRE HISTOIRES DE PAUVRE AMOUR — CHARLES-LOUIS PHILIPPE

3 fr.

www.ingramcontent.com/pod-product-compliance
Ingram Content Group UK Ltd.
Pitfield, Milton Keynes, MK11 3LW, UK
UKHW021824190726
13853UKWH00003B/1169

9 782329 573663